여울진 흔적

은천 **홍숙자** 시집

문학신문 출판국

저자 부부 체코 프라하에서

*이 시집의 삽화는 저자의 그림입니다.

〈서문〉

허공을 공허로 메우는 시인

신달자(시인, 대한민국 예술원 회원)

    90년도를 막 지나면서 나는 10년 동안의 강사를 접고 평택대 교수로 정착했었다. 처음엔 낯설고 마음이 붙여지지 않아 괴로운 날들을 보내는데 사회교육원이 개설되었고 하늘의 은혜처럼 좋은 인연들을 만났다. 홍숙자 시인도 그때 문예 창작 과정을 공부한 학생이었다. 정이 많고 열정을 가진 것이 돋보였다. 길고 긴 세월 시인이 되어 첫 시집의 서문을 부탁하는 연락을 받고 보니 기쁘기가 그지없다. 부디 많은 독자들에게 사랑받기를 바라며 올곧게 시 세계에 입문한 홍 시인의 열정과 노력에 찬사를 보낸다.

    홍숙자 시인의 시는 한마디로 텅 빈 세계를 노래한다. 공허한 세계다. 아니다. 홍숙자 시인은 꽉 찬 세계를 노래한다. 바람도 들지 못하는 틈 없는 공간을 그리움으로 가득 채웠다. "그대"라는 한 대상이 사라지면서 마음과 생각과 몸과 생활이 한쪽으로 기울어진다. 무거운 그리움으로 수평을 이루려 노력하는 마음의 움직임이 보인다. 상실감을 언어로 채우려는 시심이 홍 시인이 자신에게 바치는 상이기도 하다.

특히 놀라운 것은 허공을 "공허"로, 공허를 "허공"으로 바라보면서 그 틈새의 인내와 슬픔과 외로움을 나직이 노래하므로 감정의 상처를 견디는 모습이 아름답게 보인다.

홍 시인의 시에는 메워진 공간이 보인다. 공간이 있는데, 분명 보이는데 그 공간을 그리움으로 메꾸고 있는 것이다. 별, 꽃, 골목길, 가로등, 달빛이 추억의 이름으로 그 공간을 나비처럼 날아다닌다. 홍 시인은 그 비상이 공간을 채우기 위해 시인이 되었는지도 모른다.

그의 여울진 삶을 보자.

몸살 하던 사랑
별빛으로 온몸 적시던
아련했던 날

망울진 아픔
아득한 소리 가슴에 묻고
돌아 나온 골목길

가로등 그림자에서
헤어 나오지 못할 때
성큼 잡아 준 그대 손

생의 아름답던 순간들
힘겹게 걸어온
여울진 삶

꽃으로 피어나
창가에 앉아 먼 길 바라보니
그윽한 달빛 내려온다
- 「여울진 흔적」 전문 -

 그의 시는 자신이 말했던 것처럼 여울진 흔적이다. 독자가 해석해야 하는 것은 바로 "여울진"이다. 그 여울진이 바로 시인의 삶이라는 것이다. 순전히 개인적인 생각이지만, 너울보다는 여울이 더 예민하게 슬픔을 가져온다. 갈등과 후회와 자책이 그 여울에서 보이고 그리움과 금방 손을 뻗어 지구 밖의 그대에게라도 옷깃을 잡고 싶은 감정 폭발을 긴 한숨으로 다잡아 아른거리게 어루만지는 마음이 보이는 것이다. 덥석 잡아 준 그대 손의 감각은 그 여울에 감겨 더 커지는 것이다. 그러므로 생은 아름다웠고 그 아름다움은 달빛에 빛났던 것이다. 여울은 기억의 하늘이다. 그리고 영원히 살아 움직이는 것의 현란한 감각인 것이다.
 지난 감정을 내던지는 것이 아니라 차분히 고요히 받쳐 들어 올리며 찬송의 노래를 부르는 것이 바로 여울의 삶이다.
 「허공」도 마찬가지다.

새하얀 눈꽃 송이
흐드러진 날

먼
논둑길에
그리움 쌓이면
소리 없이 흐느끼는 바람

기약 없이 떠나간 그대
어드메 눈바람 되어 날리는가

허공의 마음
뚫고 지나가는
싸늘한 들녘

두 손 모아
기도하는 새 아침
- 「허공」 전문 -

　지구가 어딘가로 기울어진다. 보이지도 않고 소리도 없는데 그 대상이 사라진 쪽으로 삶은 기울어진다. 바람과 눈바람은 소리 없이 흐느낀다. 흐느끼는 소리는 허공의 마음을 뚫고 지나가는 싸늘한 들녘이 된다. 그 들녘에 부는 바람이 바로 사라진 대상의 영혼이기도 하고 그 바람을 바라보는 시선 주인공의 눈물이기도 하다.

 그러나 시인은 여기서 눈물과 흐느낌으로 삶을 마감하지는 않는다. 사라진 대상에게도 선물이 되는 일은 두 손 모아 기도하는 새 아침이다.

 희망이 배달되는 아침 다시 일상을 사랑하게 되는 각오를 배달하는 아침 그래서 시인은 싸늘한 바람 속의 간절한 기도로서 새로운 따뜻함을 만들어 일어서는 새 아침을 맞이하게 되는 것이다.

 홍 시인의 시에 그가 소망하던 찬란한 "새 아침"이 시의 희망과 일상의 희망이 더불어 식탁 앞에서 꽃을 피우는 빛의 아침이 보인다.

시인의 말

　아름다운 자연과 뭇 생명들의 소리를 들으며 언제나 바탕을 이루었던 그리움,
　그리움에 덧칠을 할 때 등장하는 사랑하는 모든 이들과 소중한 나의 삶을 함께 공유하며 계절마다 바뀌는 대자연 속에서 소박한 행복을 꿈꾼다. 작은 씨앗 뿌려 정원을 가꾸며 소망을 가지고 써 내려간 잔상의 기록들을 꺼내어 본다.

　평택대학교 사회교육원 문예 창작 과정에서 처음 만난 신달자 교수님은 가슴만 뜨거웠던 나에게 시의 기본을 알려 주셨고, 서초 문화원에서 만난 박동규 교수님은 글쓰기를 두려워 말라며 자신감을 심어 주셨다. 문학신문 연수원에서 시를 아름답게 수놓을 수 있도록 지도해 주신 한국문인협회 문효치 전 이사장님 이 세

분의 스승님께 공부한 것이 얼마나 큰 기쁨인지 모르겠다.

　정원에 피어 있는 꽃과 나비를 마음밭에 가두며 망설이는 나에게 용기를 주며 언제나 버팀목이 되어 주는 남편과 자녀들, 시를 공부할 수 있도록 지도해 주신 세 분의 스승님과 등단의 길로 이끌어 주신 동작문협 신영옥 고문님, 주변의 여러 지인들께 고마운 마음을 전하며 이 모든 과정을 인도해 주신 하나님께 감사드린다.

　졸시를 세상으로 날려 보내며 편안한 보금자리를 찾아 사랑받기를 소망한다.

2024년 가을
홍숙자

차례

서문 … 3
시인의 말 … 8

제1부 차마 못 잊을 이름

꿈길에서 만난 그대 … 18
대합실 … 19
꽃잎이 지면 … 20
여름은 가고 … 21
차마 못 잊을 이름 … 22
가을 문턱 … 23
허상 … 24
바다 … 25
그대 떠난 그 자리 … 26
공허 … 27
그대가 머무른 날 … 28
이별도 못 한 사랑 … 29
별 하나의 시간 … 30
여울진 흔적 … 31
허공 … 32

제2부 낮달에 걸린 이름

외로움은 흩어지고 … 34
긴 이별 … 35
그리움 … 36
그날이 오면 … 37
바람 … 38
인연 … 39
옛 그림자 … 40
낮달에 걸린 이름 … 41
기다림 … 42
희미한 안개 속 … 43
허무 … 44
마음을 접으며 … 45
늘어진 끈 … 46
절망 … 47
구멍 난 세월 … 48
허망한 발자국 … 49
소망 … 50

제3부 성황당 고갯길

산수화를 그리며 … 52
날개 … 53
어머니를 그리며 … 54
성황당 고갯길 … 55
아버지 … 56
어머니 … 57
그리운 이름 … 58
휘어진 기둥 … 59
발자취 … 60
이장을 앞두고 … 62
유월의 시 … 63
빛을 잃은 별 … 64
서해를 바라보며 … 65
여인의 길 … 66
찔레꽃 … 67
첫돌 … 68
석양빛에 걸려 있다 … 69
병실에서 … 70
가을 햇살 좋은 날 … 72
칠순 소녀 … 74
장수 사진 … 76

제4부 봄비 내리는 날

봄비 내리는 날 … 78
뚝방 길 … 79
보라매공원 … 80
윤중로 … 81
청보리 … 82
푸르름 … 83
가을 … 84
잊힌 바람 소리 … 85
가을에 핀 꽃 … 86
낙엽 … 87
하모니카 소리 … 88
아름다운 시어 … 89
먼 길 떠나며 … 90
잃어버린 가방 … 91
겨울 사랑 … 92

제5부 화선지를 펴면

채색화를 그리며 … 94
장미축제 … 95
정토화 … 96
매창을 찾아서 … 97
덩굴장미 … 98
화선지를 펴면 … 99
함박눈을 맞으며 … 100
올림픽대교를 바라보며 … 101
천안함 … 102
세월호 … 103
잃어버린 세월 … 104
거리 두기 … 105
부음 … 106
이태원 … 107
봄맞이 … 108

제6부 북한산 바라보며

북한산 바라보며 … 110
신륵사 … 111
부석사에서 … 112
아미산 … 114
능내역 … 115
춘천 길 오르며 … 116
부안에서 … 117
갈매기 … 118
주문진에서 … 119
남해 여행 … 120
강촌의 아침 … 121
늦가을 … 122
백운호수 … 123
환상의 섬 … 124
알프스를 뒤로하고 … 125
폼페이 … 126

제1부
차마 못 잊을 이름

꿈길에서 만난 그대

그대 떠난 창가에
수십 번의 봄이 왔다 갔건만

불현듯 찾아오다니
변함없는 모습 횅한 눈빛

매정하게 떠나던 날
서러운 꽃비 내리더니

정적만이 흐르고
허무한 마음 등에 지고 떠나네

어둠에 섞여 버린 그 모습
찾아 헤매는 거리

꿈길에서 만난 그대
옛 모습 그대로인데

잠시 찾아 준 마음 그리움이었네
못다 한 사랑이었네

대합실

그대 떠난
서러운 어깨

제각기 가야 할 곳을 향해
기차를 기다리고
대합실 안은 술렁인다

구석에 쪼그려 앉은
임자 잃은 그림자
가슴에 꽃 한 송이 묻어 놓고

돌아선 뒷모습
가을비에 젖어
기적 소리 요란하다

꽃잎이 지면

간밤 요란한 빗소리
먼 산을 본다
비에 젖은 꽃잎

꽃잎 지면
꽃비 되어 돌아온다고
산새처럼 날아간 사람

봄을 떨구어 낸
허기진 나무
새순 끌어올리며
싱그러운 연한 잎 속에
얼굴을 묻는다

문득
뿌연 하늘 위로
맴도는 얼굴

여름은 가고

허공의 내장 사이로
넘나들던 뜨거운 열기

살랑대는 바람 타고
끈적임 사라진 뒤
상처만 남았다

달리는 인생 열차
창밖에 그리움 묻어날 때
간이역 틈 사이로 아련히
떠오르는 그 이름
고개 내민 들꽃 순정

차마 못 잊을 이름

뿌연 안개 속에
흐릿하게 떠오르는 그리움
산줄기 능선 따라 흩어지고
세상이 싫다며 떠나간 사람

산사를 떠돌며
잔잔히 들려오는
성불 소리에 얼굴을 묻고
속절없이 살았네

어느 날 문득
세상이 그리워
내려와 보니 야속한 세월
무심히 흘러가고

그대 떠난 자리
빈터만 남아
끌어안기 힘든 고독과 싸우다
차마 못 잊을 이름 불러본다

가을 문턱

초가을 서늘한 바람
덜 깬 잠 밀고 들어온다

잠 밖에 서성이는 그림자
지난날 잃어버린 애달픈 연정인 듯
왔다가 사라지는 신기루

새소리 청량한데
언뜻 불어오는 바람 소리
혹 그대가 찾아올까
설렌 맘 문턱에 걸려 넘어진다

먼 옛날 다하지 못한 사랑
오늘도 그날처럼 문밖에 서성거리며
미처 떠나지 못한 여름을 줍고 있다

허상

뜨거운 마음 식힐 줄 몰라
떠돌던 방황의 길

네가 떠나던 날
남기고 간 빈 가슴으로
뒤척이던 날들

별들이 열병을 앓으며
쏟아져 버린다

숨어 있는 햇살
손에 감고 당겨 보려 하지만
먼 곳으로 숨어 버린 밤

뚫린 허공에
허상 하나 서 있다

바다

파도 소리가 그리운 날
바람과 함께
길을 나섰다

섧게 울다 돌아선 사람
굽이쳐 달려오는
흰 포말 속에 너울대고

오늘도 그날처럼
바람과 함께
주저앉아 우는데

어디선가 낯익은 발자국 소리

잡힐 듯 말 듯 멀어진
희미한 그림자

그대 떠난 그 자리

새들의 지저귐에
꽃잎 지는 소리
들길 가득 메운 가을 소리

잠시 쉬어 가는 구름
어깨 내준 바람이
기대어 머문다

풀벌레 합창
우렁차게 들리는 들판에
한가로운 저녁노을
저 홀로 붉어진다

멈추지 않는 구름 붙잡고
발자국마다 찍히는
애달픈 그리움

그대 떠난 그 자리
해그림자 따라 걷는다

공허

이슬 젖은 풀잎
바람 몰고 와 흔들지만
일어나지 못하고 주저앉는다

사방을 둘러보아도 바람 소리뿐
적막한 하늘에 비가 내린다

허공 위에 얼룩진 그리움
숨죽이며 떠도는데

기약 없이 떠나 버린 그대
풀피리 되어 울리고

다시 만날 그날이
우리 생애 있어만 준다면
보랏빛 사랑 안겨 주련만

꿈을 꾸기에는
너무 멀리 와 버린 인생의 언덕

그대가 머무른 날

바람이 나를 흔든다

내 안의 깊은 침묵을 깨고
뿌리 깊이 묻혀 있던
아픔들을 털어 낸다

그 속에 살고 있던 작은 바람
떠난 지 오래건만
오늘도 나를 깨우는
손짓에 흔들리고 있다

그대가 머무른 날
수십 번의 세월
잡지 못하고

오늘도
등성이를 바라보며
서성거리고 있다

이별도 못 한 사랑

깊어 가는 서녘 하늘
노을 품은 먼 산에
소나무 슬피 운다

눈송이 흩날리는
섣달그믐 밤

매정하게 돌아서 버린
그날 그 후
잔솔가지 흔들릴 때마다
품었던 그리움
풀어낸 나날들

떠난 자리에 응어리져
아름드리 자랐는데
다시 돌아오지 않는
텅 빈 바람 마주한다

이별도 못다 한 사랑
꿈 따라 흘러
이생의 한으로 남았다

별 하나의 시간

하늘이
은하계로 떠나던 날

무수히 쏟아지는
별가루를 쓸어 담으며

돌이킬 수 없는 그날을
같이 주워 넣었다

머리가 찡한 회한의 늪에서
헤어나지 못하는 질긴 그리움

끝내 은하수에 들지 못하고
별 하나로 남아

떠도는 바람으로 길가에 앉아
그대 이름 불러 본다

여울진 흔적

몸살 하던 사랑
별빛으로 온몸 적시던
아련했던 날

망울진 아픔
아득한 소리 가슴에 묻고
돌아 나온 골목길

가로등 그림자에서
헤어 나오지 못할 때
성큼 잡아 준 그대 손

생의 아름답던 순간들
힘겹게 걸어온
여울진 삶

꽃으로 피어나
창가에 앉아 먼 길 바라보니
그윽한 달빛 내려온다

허공

새하얀 눈꽃 송이
흐드러진 날

먼
논둑길에
그리움 쌓이면
소리 없이 흐느끼는 바람

기약 없이 떠나간 그대
어드메 눈바람 되어 날리는가

허공의 마음
뚫고 지나가는
싸늘한 들녘

두 손 모아
기도하는 새 아침

제2부
낮달에 걸린 이름

외로움은 흩어지고

안개비 촉촉이 내리는 아침
모두가 떠난 빈자리
한 송이 초롱꽃이
나의 벗 되어 마주한다

재잘대던 아이들
모두가 장성하여
꿈결 같은 세월은
나를 모두 밀어내고
빛바랜 액자 안에 미소만 흩어진다

문득 안개비 속에
마음 둘 곳 없어
먼 산을 바라보지만
산도 외로워 그림자를 안고 눕는다

긴 이별

미소 잃은 얼굴로
손을 흔들며
작은 새 한 마리 날아갔다

아쉬운 이별 뒤에
가슴으로 들려오는
애끓는 목소리

세상이 온통 바이러스로
발이 묶이고

부러진 마음 위로
긴 이별이 되었다

하늘에는 고단하게
날갯짓하는
새 한 마리 울고 간다

그리움

새로운 세상으로
날려 보냈더니
다시 어미 새 옆으로 다가와
둥지를 틀었다

방울새 한 마리 날아와
꽃이 되고 나무가 되고
숲속에 머무는 바람이 되었다

작은 부리로 쪼아대던
숱한 자국들

해 질 녘
어수선한 노을의 숨소리가
마음을 헤집어 놓고

그날의 기억들이
물 젖은 바람 타고
송두리째 쏟아진다

그날이 오면

유채꽃 너울대는 언덕에
작은 새 한 마리 앉아 있다

줄지어 핀 꽃잎 사이로
쏟아지는 그리움

맑은 눈망울 속에
젖어 있는
숱한 언어들이
날갯짓할 때

가슴 활짝 열고
맞이하리라
그날이 오면

바람

어느 봄날 간이역에서
긴 머리 사이로
스쳐 지나간 바람

코끝을 찡하게 울리고 지나간 날
찾아 헤맸던 숱한 나날들

긴 여정 속에 여러 가지 바람이 스쳐 지나갔다

적막강산 쏟아지는 빗줄기
앞이 안 보일 때
찾아 준 고마운 바람

때론 감당하기 힘든
폭풍으로 몰아치던 날
바위 틈새로 고개 내민 풀잎 같은 바람

지금도 그 모퉁이를
돌아가면 그리운 바람
만날 수 있을까

인연

함박눈 펑펑 쏟아지는
창밖을 보며
젊음의 흑백사진
꺼내어 본다

문득문득
창가에 어리던
애틋한 눈망울

세차게 퍼붓던 눈보라에
온전히 서 있지 못하고
손 놓친 그날

품 안에 머물지 못하고
스쳐 지나간 인연

하얗게 쌓이는 눈 속에
초승달 그림자로 머무는 밤

어디선가 애끓는 소리
눈 위로 미끄러지듯 들려온다

옛 그림자

그리움 숨어 있었나
매서운 바람 뒤
새순이 돋았다

이방의 길은 멀고 아득하여
녹슨 사랑 놓아 버렸다

널브러진 마음
물결치는데
솟구쳐 오르는 소용돌이
길섶에 앉아
잠재우는 밤이면

묻혀 버린 빈 뜰
허공 속에 맴돌며 사라진다

펄럭이는 바람 속에
희미한 서산 노을
몸살 하다 잠이 든다

낮달에 걸린 이름

차마 부르지 못해
가슴으로 움켜쥔 이름
피맺힌 입술로 불러야 돌아볼까

오늘도 달려가 안기는데
칠월 햇살 머금은 바람
툭 치고 지나간다

가슴에 맺힌 말 다하지 못하고
벼랑 끝에 모여든 숱한 언어들
마디마디 응어리진다

소리 없이 떠나는 뒷모습 바라보다
지친 하루가 낮달에 걸려 있다

기다림

가슴에서 곤두박질치는 그리움
지쳐도 언제까지나
멈추지 않는 바람이여

문을 열고
활짝 미소 지으며
들어올 것 같은 푸른 초원

언제부턴가
내 창가에 뿌연 안개 서리고
그 속에 솟아 있는
잔솔 같은 꿈이 내려앉는다

아지랑이 피어오르는 숲길
멀리 보이는 가지마다
꼬리 물고 스러진다

가끔 내려 주는 단비는
뜬구름 되어 사라지고
오래도록 피우지 못한
꽃 한 송이 애달프다

희미한 안개 속

결국
끈 하나
놓아 버렸다
오랫동안 서성이던 날

쓸쓸한 목덜미가
차가워 보였다

하얀 그림자 되어
마지막 날처럼 목 놓아 울었다

언젠가 떠나야 할 인연
마침내 불이 꺼지고
희미한 안개 속으로
사라져 간다

허무

가진 게 이리 많은데
채우지 못한 것에 연연할까

몇 번이고 마음 추스르지만
오늘도 비켜 가는 햇살

어깨를 흔들어 보지만
삐걱 소리에 주저앉는다

얼마큼 지나야
뜰 안에 쌓인 그늘 쓸어버릴까

가슴 토닥이는 서글픈 눈망울
그래 이젠 모든 걸
내려놓고 가는 거야

어디선가 희미한
햇살 한 조각
다시 마음 부풀려 놓고 사라진다

마음을 접으며

어정쩡한 꽃 한 송이
밤마다 피었다 진다

떨어진 꽃잎 주워 담으면
문지방 넘어오는 그대 그림자

두 팔을 저어도
잡히지 않는데

이토록 어지러운 날
어디를 가야 하나

참새 한 마리 날아와 재잘대지만

오늘도
빈 가슴만
바람 속에 시리다

늘어진 끈

질긴 끈 하나
내 몸을 휘감고 있다
언제까지 감겨 있어야 하는지

울컥 쏟아진 마음에
비수가 꽂힌다

물 젖은 바람
밤마다 몰아치는 천둥소리

깊은 나락으로 떨어져
신음조차 내기 힘들지만

오늘도 하얀 밤은
빈 들녘을 헤맨다

절망

소리 없이 아픔을
삼켜 버린 날

돌이킬 수 없는
세월 속에
마른 잔가지
가냘프게 흔들리는데

한때는 무성했던 숲
허허로운 벌판에
뿌려 놓은 고독의 씨앗

이제는 싸늘한 바람만
온몸을 휘감고
못다 한 언어들이
발을 구를 때

어디선가 산 까마귀
꺼억꺼억 날아간다

구멍 난 세월

돌고 돌아 제자리인 것을
몇 번이고 주름진 허리 펴고
먼 곳을 본다

초라한 여인이 앉아
구멍 난 세월을 깁고 있다
메꿔지지 않는 잔상
어지러운 모습 난무하다

모진 인연이 되어
여기까지 왔는데
이렇게 구겨질 수 있을까

팔을 뻗어 보지만
잡히는 건 애처로운 허무뿐

간밤 꿈에 오신 엄마
비몽사몽 울었다

허망한 발자국

발을 내디딜 때마다
울음소리 들려와
가만히 들여다보니
내 뼛속에서 올라오고 있었다

온몸을 다해 소리치던 날
스쳐 지나가고
어디선가 들려오는
애끓는 소리

이젠 체념해야지
돌아선 자리마다
잔혹한 말 한마디 어지럽다

허망한 발자국 남기며
지는 해 붙잡고 주저앉는다

소망

하늘 가로지른 뭉게구름 되어
허공으로 떠올라 보지만
한 걸음도 가지 못한다

숲속에 새들 재잘거리고
풀벌레 울어대는데
목청 깊이 숨어 버린 긴 한숨은
하늘을 향해 꿈틀거린다

가지지 못한 것의 무게에
가위눌리고
셈할 수 없어도
기다리는 나날이 모여든다

언제일지 모르는 그날
한 송이 꽃으로 피어나
멈추지 않고 흐르는
구름 한 조각 기다린다

텃밭엔 채울 수 없는
아쉬움의 비만 내린다

제3부
성황당 고갯길

산수화를 그리며

화선지를 펴면
마음이 숙연해진다

텅 빈 공간을 들여다보니
솔잎 사이로 바람이 불어오고
하늘은 넓은 가슴으로 다가온다

언제였던가 내 마음의 들판에
피어나던 푸른 잎들

이제는 세월 속에
내 인생 낙엽 지고
멀리서 들려오는 계곡물 소리

바위에 걸터앉아 구름 저편 바라보니
그리운 부모님 꿈인 듯 서 계시네

날개

영안실 모퉁이 돌아서려는데
먼 길 떠나시는 어머니
빈자리 채우려
분만실 아기 울음소리

말문 굳게 닫으시고
살아오신 무게만큼
무거운 눈빛 하시네

아물지 않은 상한 다리
어찌 떼어 놓으시며
남겨진 울 아버지 염려되어
하늘도 울고 있네

오늘 날개 달고
오르시는 어머니

어머니를 그리며

여름내 깊게 배인
끈적한 아픔
미처 마르기도 전

초가을 선선한 바람 따라
서둘러 가신 어머니

몇 번씩 이어진 재수술
피고름 상처에 가슴이 저미는데

스산한 골짜기
깊은 어둠 속을
울 아버지 남겨 두고
홀로 가시다니

어머니 배웅하고
돌아오는 길
구부러진 능선 위로
산 까마귀 울고 간다

성황당 고갯길

흰 두루마기 펄럭이며
꽃상여에 오르시어
떠나는 임 차마 못 보내
황금 종소리에
퍼져가는 장송곡

모진 세월
처자식 등에 업고 접은 꿈
하염없이 토해 내던
그 낮은 신음
상엿소리 깃발에 물들고

굽이친 성황당 고갯길
달려오는 저녁놀
목멘 울음
굽이굽이 감싸고 있네

아버지

우연히 쳐다본 하늘
소곤거리는 별을 따라
그믐달이 마실을 간다

울 아버지 먼저 오셔서
반색하신다

어스름 저녁 밥상 물리시고
목청 높여 하염없이 토해 내시던
구슬픈 가락은
사방으로 흩어진다

사랑하는 아내 먼저
저세상 보내고
애끓어하시더니

정든 임 찾아
풀잎 속에 이슬 되어
가시던 길 멈추셨다

어머니

꽃잎 진 자리마다
앞산에 새순 돋아 찬란한데

연녹색의 여린 잎은
이내 가슴 속에 그들만의
물감으로 덧칠을 한다

풀 속에서 꿈을 꾸며
잠든 적이 있다

햇살마저 잠든 날
잘 살아 줘서 고맙다며
연한 잎 보듬어 안고

오월의 숲을 지나
나비 되어 날아간다

그리운 이름

가슴에 돌덩이를
식구처럼 끌어안고
굽이진 고개 넘으셨다

유학길 버린 채
농사와 처자식에
발목 잡혔다

터질 것 같은 응어리
소리 장단으로
달래시던 아버지

붉은 노을 온 마을 덮으면
황혼에 물든 산마루
달빛에 젖어 흘렀다

사무친 애끓는 소리
이제 아버지 나이 되어
그리운 이름 부르고 있다

휘어진 기둥

어려서 앓던 다리 속에
가시가 돋았다

잘라내도 자라나는 가시덩굴은
뼛속 깊이 파고들어
온몸을 휘저었다

울 아버지
세월의 이불 갈아 덮으며
그 기둥 지키셨건만

더는 지탱하기 힘들다며
부모님 산소에
엎드려 통곡하는데

하늘 높이 날아가던 산새
날개 접고
하염없이 바라보고 있다

발자취

어머니가 남기고 가신
사발 하나 보인다

한숨 속에 담긴
어머니의 아픔이
안개비 되어 내릴 때

처마 끝에 매달린
작은 눈물방울
송이송이 맺힌다

투병 중인 오라버니
가슴에 안고 먹먹한 세월
홀로 감당하실 때

산새도 울며 고개를 넘었지

엄마의 빈자리
언니가 채워 주며 서성이던
그 언덕에도 봄꽃이 피었을까

가물가물 아롱지는 그리움
모두가 떠난 빈자리
대신 짊어진 가파른 어깨
돌아보니 막냇동생 따라온다

이장을 앞두고

바람결에 흔들리는 꽃망울
봄은 찬 바람 털어 내고 다가온다

편히 잠드신 부모님
불 속으로 밀어 넣을
이 불효를 애써 외면한 채
산새 우는 언덕에 서 있다

목젖까지 미어지는
거역할 수 없는 굴레
봉분에 엎디어 흐느끼는데

서러운 봄날이여
비는 추적추적 내린다

유월의 시

호국보훈의 달 유월엔 녹음도 서럽다

서러운 산야는 그리움에 물들고
뼛속 깊이 배어든 상처는
오늘도 치유되지 않는다

피난길에 물에 빠진 딸을 구하려
물속에 뛰어든 아내 구하지 못하고
처자식을 잃은 아버지

밤마다 울어 보채는
젖먹이 어린 아들 눈물로 보듬으며
자책하며 자신을 학대하였으리

결국 불혹의 나이에 생을 마감하고
울며 보채던 어린아이는
이순의 중반에 서 있지만

슬픈 역사는 오늘도 반복되고
핏기 잃은 하늘은 유월의 시가 되어
곡조 잃은 노래로 울려 퍼진다

빛을 잃은 별

딸 넷 낳으시고 뒤늦게 얻은 아들
세상을 다 얻은 듯 좋아하셨네

동란의 피난 시절
혹독한 겨울 차디찬 물속에서
생을 내려놓은 슬픈 자맥질

젖먹이 남겨 두고
그 먼 길 떠날 때
걸음걸음 눈물 되어
산천도 울었다네

칼바람 살을 저미고
문풍지에 찬 서리 내리는데

서러운 임 가슴에 안고
차마 보낼 수 없어
뜨거운 눈물 옷고름 적시네

천지개벽 소리 산천에 퍼져
그날 밤 별은 빛을 거뒀네

서해를 바라보며

비릿한 바다 내음 따라
들어오는 대호방조제

해 뜨는 왜목 마을
부둣가엔 한가로운 갈매기 날고
멀리서 조개 줍는
아낙네들 정겹다

피난길 물속에서
엄마를 잃은 그이는
바다가 어머니 품속인 듯
늘 그리워한다

그이의 가엾은 어깨 위에
노을이 지고 못다 한 하루해가
그의 등을 토닥인다

여인의 길

마르고 작은 체구
평생 일에 묻혀
고단한 날들이다

지아비 없는 빈집
전실 자식 차마 버리지 못해
보듬어 안은 혹독한 세월

문풍지에 몸 기대어
하염없이 눈물짓는 밤
바람도 돌아앉아
그녀의 등을 감싸 주었다

실개천 흐르는 강둑에 앉아
토해 내던 울분
희미한 낮달 초라하게
구름 뒤에 숨었다

금박댕기 고운 옷 입고
엄마 따라 장에 가던 날
눈에 걸린 한 폭의 산수화

찔레꽃

도시를 떠나
시골로 시집온 새댁
새로운 환경
낯설기만 한데

뜰 안에 가득한 향기
시름을 잊었네
멀리서 들려오는
조각난 기억들의 함성

연분홍 잎 속에 서려 있는
그리운 얼굴들

처음으로 만난
힘겨운 나날도
찔레꽃 향기에 위로받았네

어스름한 저녁달 뜨면
서산에 걸린 찔레꽃
그이 몰래 눈물 훔치던
그 옛날 신혼 시절

첫돌

손주 돌잔치 날
아들이 입었던 돌복을 입혔다
기억 속에 머물던
세월의 꽃망울이 터진다

졸린 눈 비비고 나와
엄마를 부르던 정겨운 목소리
어린 시절 애들과 함께했던
집으로 들어선다

고물대던 애들이 나를 반긴다
집안이 온통 꽃밭이다
그 속에서 나는 꽃향기

사랑으로 사는 빛깔이
하늘 높이 솟아오르고 있다

석양빛에 걸려 있다

새로운 세상을 향해
첫걸음 시작되던 날
아들의 어깨는 남달랐다

포개진 염려가 연병장에 출렁이고
낳아 길렀던 보살핌이
종대 행렬로 펼쳐진다

작열하는 태양이
서 있는 아들의 어깨를 짓누르고
홀로 두고 올 수밖에 없는
현실 앞에 눈물짓는다

차창 밖의 푸른 잎들이
군인들의 제복인 양
스쳐 지나가고
아른아른 부서지는 모정

외딴섬에 두고 온 듯
오그라드는 가슴
서러운 석양빛에 걸려 있다

병실에서

이른 새벽 잠 깨어 밖을 보니
꿈인 듯 낯설다

한순간 휘몰아친 광풍
우리를 휘감고
사정없이 패대기를 쳤다

내 의식은 현실을 거부한 채
도리질하였다

찢어지는 고통
그이는 바람 속에
얼굴을 묻고 울었다

유채꽃 사이로 넘나들던
어제의 봄날이
오늘은 칠흑같이 어두운데

이 아픔을
함께 잘 견디자며
피로 물든 메시지
하늘에 물들고

죽음의 늪에서
살아난 두 딸
미소 짓고 달려오는 봄바람
꽃잎은 피고 있다

가을 햇살 좋은 날

합정역 지나
가을빛 출렁이는 홍대 거리

즐비한 간판 사이로
나뭇잎 떨어지는 소리 요란하다

밴드 음악 소리에
어깨가 들썩여지고
고희를 잊은 겨드랑이가
날개 돋는 듯 꿈틀댄다

잔잔한 음악이 흐르는
카페에서 식사하고 차를 마시며
딸과 오랜 연인처럼
팔짱 끼고 걷는다

어느새 엄마 머리 위로
올라서 버린 세월
살아온 길 아득하다

지나간 이야기를
걸음에 싣고
발맞춤으로 헤아리는
시간의 블록

잘 살아온 어젯날의 이야기
꽃으로 피어난다

칠순 소녀

창문을 두드리는
바람 소리에
왁자한 골목길
분주히 뛰어놀던
유년의 소녀를 만난다

해 질 녘
바람 따라 오는
엄마의 정겨운 목소리
- 밥 먹어라 -
밥상에 둘러앉아
꽃잎을 삼킨다

선생님 되기를
짝사랑처럼 꿈꾸며
꽃처럼 피어나던 소녀

선생님 그이를 만나
평생 꿈을 켜고 살 줄이야

숭병숭병 아들딸 두어
사위 며느리
둥지 안에 새 식구
손주들 재롱 속에
여기가 아름다운 꽃밭이어라

장수 사진

언제일지 모를
그날을 위해 사진을 찍는다

활짝 웃어 본다
마지막 보러 오는
사람들에게 웃으며 맞이하고 싶다

바람이 불고 비가 내린다
그날은 맑고 조용한
날이면 좋겠다

서산에 걸린 해가
노을 속으로 미끄러질 때
붉게 물든 저녁노을

차마 눈뜨고 갈 수 없어
눈을 꼭 감을 수밖에

장수 사진 찍고
집으로 돌아가는 길
그날인 듯 아쉽다

제4부
봄비 내리는 날

봄비 내리는 날

산수유 꽃향기
실비에 젖어
노란 꽃술 흩어지는 날
봄은 뒤척임으로 다가온다

풀잎에 젖은 봄비의 속삭임
새소리 비에 젖어
날갯짓할 때

바람결에 누워 버린
그대 머문 자리
다시금 돌아보니 제자리인 것을

하얀 밤 그대 창가에
그리움 봄비를 타고
우수에 젖는다

뚝방 길

벚나무 달려오는 길
방울새 한 마리
내 속에 날아 들어온다

끊임없이 재잘대는
작은 속삭임
어느 날 부리를 흔들며
방울새 날아가 버리고

빈 둥지 안에 서리서리
설움 엉키는 날
빈 시간이 멍울질 때

밤새 접어 둔 종이학
날려 보내도 가지 못하고
어스름한 새벽달 속에 멈추었다

보라매공원

늘어진 수양버들
짙게 물든 잎 사이로
한가로이 바둑 두는
노년의 흰머리

정자 누각 위에
소슬바람 불어와
음악에 맞춰 춤을 추는
분수 위에 나부낀다

여유롭게 즐기는
뭇사람들의 표정

오월의 따사로운 햇살
가슴에 스며들고
덧없는 세월
바람결에 스친다

윤중로

활짝 핀 벚꽃 사이로
바람이 분다
모여드는 인파 속에
숨죽인 그대 얼굴

윤중로 벚꽃 길 따라
떨어진 꽃잎 밟고
지나가는 행렬

사월의 따스한 햇살
꽃잎 끌어안고 눕는다

먼저 떠난
그리운 이의 숨결이
강물 위에 출렁인다

청보리

노을을 지고
청보리가 서 있다

붉은 오월이
보리밭 속으로 지날 때
서녘 하늘에 그리움도
따라 물든다

보고플 때마다
접어 두던 작은 가슴
봇물 터지듯 터져 나온다

끌어안기 힘든 고독
바람 따라 내려오고
외로운 화가가 흘린 물감
밭이랑 사이로 걸어 들어간다

푸르름

먼 곳을 돌아온 너는
푸르름을 머금고

은빛 날개 춤을 추니
숨죽이고 누웠구나

따스한 햇볕 받으며
함께 놀던 친구들
이제 모두 흩어지고

고랑 사이사이 감추었던
작은 속삭임
모두 잊은 채

오색찬란한 새 옷으로
갈아입는구나

네가 갈 곳
저 생명의 깊은 곳

가을

뜨거운 태양 아래
젖어 있던 속적삼의 땀 내음
언제나 한결같던
그 빛은 사라지고

중천에 떠 있던 가을
서산에 넘어갈 때

어느새 황금 옷 차려입은
그와 마주한다

몰랐다
애절한 마음으로
바라보던 그 눈빛

석양이 잠들 때
어둠 속으로 들어가는
그 모습 잡지 못한 채
난 촉수를 세워 손을 내민다

잊힌 바람 소리

비에 젖어
몸을 움츠리고 있네

한때는 가지에 매달려
춤을 추며 우주의 꿈 불러들였네

소중했던 인연들
퇴색되어 흩어졌네

뜨락에 저물도록
뒹굴던 나뭇잎
숨죽여 울 때

어디선가 들려오는
잊힌 바람 소리
허공을 돌아 떠돌고 있네

가을에 핀 꽃

여름날 쌓인 겹주름
갈잎 진 자리에 피어나
골진 얼굴에 그리움 삭인다

보고 싶다는 마음 하나
일으켜 세우지 못하고
가슴 속에 피운 꽃송이

뜨락에 앉아 불러 주던
바람 한 자락 품지 못하고
어느 나무 그림자에서 기다렸는가

낙엽 흩날리던 날
돌리고 선 등 두드려 보지만
못 본 체 돌아서는 너

달빛 내리는 저녁
소슬한 가을빛 따사롭다

낙엽

가지에 매달린 잎새
긴 한숨 몰아쉰다

이별의 소리
가슴으로 밀어내며

떨어지는 낙엽 뒤에
감춰진 사랑
하나씩 떼어 보낸다

함께였던 시간들이
물구나무설 때

퇴색된 나뭇잎
바람 앞에 무릎 꿇고
떠나야 할 순간이다

하모니카 소리

들창가 기대어
하모니카 불던 친구
부모님 일찍 여의고
할머니 손에서 자란 소년
하모니카를 분신인 양 늘 들고 다녔다

고즈넉한 가을 찬 바람
들려오는 하모니카 소리
내 어린 시절 처음으로 느꼈던 설렘이었다

어느 날
소년은 홀연히 떠나갔다

길모퉁이 돌아서면 보이는 창가
소년이 떠나간 빈 하늘 바라보며
서성이곤 했다

오랜 세월 속에 그리움으로 남아
어디선가 하모니카 소리 들리면
가던 길 멈추고 돌아보지만
아련한 미소만 입가에 맴돈다

아름다운 시어

오랜만에 그녀를 만났다
그녀의 출렁이는 밭에 누워
한 조각 햇살 걸어 놓고
먼 산을 본다

화장품 가게를 운영하던 그녀는
늘 고운 분내가 났다

분주한 생활 속에
아름다운 시어들을
별빛 위에 얹어 놓고
나와 만날 때마다 꺼내 주었다

먼 길 떠난 그녀
아롱거리는 미소 가슴에 묻은 채
오늘도 헤매는
시어들을 줍고 있다

먼 길 떠나며

바람이 지날 때마다
오색 잎이 오로록 떨어진다

흐느끼며 매달린 가랑잎
가을은 사는 법을
조심스레 일러 준다

매정하게 떨구어 내며
고개 돌리지만
차마 보내기 서러워 울고 있다

바람에 휘날리는 이파리 보듬으며
네가 떠나야
내가 살 수 있다고 토닥인다

낙엽은 애절한 몸짓으로
먼 길 떠나며 가지를 돌아본다

잃어버린 가방

비릿한 목포항 대합실
찬 바람 불어오고
마주치는 햇살
등에 지고 떠나는데

어디선가 들려오는
빛바랜 고동 소리
너를 두고 떠나던 날
돌아보니 아득하여

돌아갈 수 없는 천 리 길
먹구름 에워싸고 있다

견디기 어려운 시선
무너지는 냉혹한 말

먼 수평선 위에
떨어지는 노을
새 한 마리 울고 있다

겨울 사랑

사방으로 흩어지는 눈송이가
가지런히 서 있는
대밭을 흩트립니다

소란을 잠재우지 못하고
눈송이에 말 전합니다

진정 소중한 것을 모르던 때
잃고 나서야 마음 저려 쓰다듬지만
그래도 사라지지 않고
피어난 사랑

긴 겨울이 잠들고
안으로 스며든 찬 바람은
지친 나에게 화살처럼 박혀

허공에 몸 기대여
이렇게 서 있습니다

제5부
화선지를 펴면

채색화를 그리며

배접하고
스케치하는 어깨 위에
살포시 내려앉는 뭉게구름

꽃과 잎새 위엔
바람이 앉아
들창문을 두드린다

솔솔 피어나는 세상
몇 번이고 덧칠을 하면
아름다운 무지개가 뜬다

꽃 속에 잠든 햇살
어루만지며 꿈을 그린다

새하얀 물감만이 맴도는
채색화를 그리고 있다

장미축제

세상이 온통 꽃밭이다
손바닥만 한 장미
애기 눈망울 같은 작은 꽃들이
서로 등을 비비며
속삭이고 있다

그 속에 버무려진
사람의 행렬
한낮의 더위는
중랑천 물결 속으로
빠져들고 있다

사랑의 꽃향기
흠뻑 취해
비틀거리는 햇살

하늘에 떠 있는 구름
귓가에 살랑대는 바람
봄을 밀어낸
하늘이 웃고 있다

정토화

무정한 연잎 사이로
홀로 고개 내민 정토화

여름 보낸 줄기마다
아침 햇살 그윽하고
초가을 바람
살며시 흔들고 지나간다

연잎에 가려진
고즈넉한 그리움

임 떠난 자리 하도 서러워
손끝에 저려 오는 간절함
한나절 태양 빛에 그을리네

어스름한 저녁 달빛
연잎 위에 흩어지면
고개 숙인 꽃잎 위로
스치는 바람

매창을 찾아서

갈바람 소슬한데
뜸하게 불어오는 벌바람

임께서 보낸 소식일까
창가에 소리 없이
이슬 되어 내린다

내 마음 그대 따라
시월에 감도는데

그녀의 발자취
이 밤 어스름한 달빛 타고
소슬하게 안긴다

매창을 그리는 그리움
이화우 흩날리던 날이
바람결에 그려진다

덩굴장미

기어이 넘지 못한 담장 길
붉게 물든 사랑
서럽게 꽃잎 떨구어 낸다

애틋이 스며든 나날들
너와의 인연이
여기까지였나 보다

담 밖의 다른 인생길
고개 떨구며
이별을 다짐하던 날

오래 머물지 못하고
매정하게 돌아선 자국마다
핏빛으로 물들고

바람결에 흔들리는
지난 세월의 그림자

화선지를 펴면

텅 빈 공간에 소나무 한 그루
쓸쓸히 서 있다

소나무가 바람을
만들어 보낸다

솔잎들 안간힘으로
바람을 불어 보내며
빈 공간을 흔들고 있다

공간이 흔들리며
계곡이 만들어지고
구름이 내려와 바위에 걸터앉는다

세월 속에 서 있는 노인 하나
낙엽처럼 바람에
흔들리고 있다

함박눈을 맞으며

눈 속으로
숨어든 바람

꽃잎 되고
별빛도 되고
세상 덮으면

눈 쌓인 골목길
뛰어다니던 유년 시절

하얀 눈 머리에 앉아
움츠린 등 사이로
서늘한 그림자 스며든다

하루해가 넘어질세라
잔뜩 수그리고 있다

올림픽대교를 바라보며

병실에 스며든 바람
혈관을 타고
시린 가슴을 돌고 있다

모두가 잠든 창가에
별빛 내려와 뒤척이고

어둠 속을
쉼 없이
질주하는 차의 행렬

저마다 사연 끌어안고
고단하게 움직이고 있다

우리의 삶은
다리 밑 강물처럼
끊임이 없구나

천안함

긴 겨울이 지났는데도
아직 바다를 헤매는 봄

비켜 주지 않는 파도에 밀려
섬 하나 넘지 못한다

꽃을 피우고 싶다고
온몸으로 소리쳐도
육지에 닿는 건
허무한 메아리뿐

싸늘한 밤바람은
뼛속 깊이 스며든다

오늘도 올려지길
기다리는 넋
파도 위에 앉아
울부짖는데

물결치는 서러움에
찬 바람만 가득하다

세월호

물결치는 팽목항 부둣가
몸부림치는 유가족

사랑하는 아들딸
애타게 불러 보지만
오열로 얼룩진 자국
핏빛으로 물든다

뼈마디 사이사이
짓누르는 고통
파도는 멈출 줄 모르고
거세게 요동치는데

야속한 바다 위엔
또다시 어둠이 밀려오고
어찌하여 사월에 지는 꽃잎 되어
깊은 바닷속을 헤매고 있는가

잃어버린 세월

세상이 모두 멈추었다.
창틀에 매달려 있는 공허함
길 잃은 바람도
거리에 서 있다

어느새 저물어 버린
한나절의 찬란함
정지된 세월 속에
불청객이 앉아 있다

감춰진 그리움
집 밖에 고개 숙이고 있는데
침묵으로 묶어 버린 하늘길

희미한 추억
나의 사랑아

거리 두기

닫힌 문 사이로
불청객이 들어왔다
방안은 철장으로 가려지고
소소했던 일상 길을 잃었다

그이의 지친 모습
손끝으로 위로하고
구애하는 눈빛으로 돌아선 어깨

봄비는 소리 없이 내리고
차창에 어리는 빗방울
기침 소리에 놀라 멈춘다

이따금 들려오는 쇠잔한 신음
밥상 들고 돌아선 자리마다
피할 수 없는 봄꽃의 향연
숨을 죽인다

부음

하늘 높이 날아간 새
골짜기 휘돌아

눈빛 되고 바람 되어
친구들의 메아리는
온 하늘에 퍼져 있다

화사한 봄날
보고 싶다고
메시지를 보내 놓고

푸른 하늘이 검게 물든 날

가슴에 남아 있는
숱한 언어들이
고개를 떨군 채
텅 빈 하늘에 떠돌고 있다

이태원

땅거미 쌓인 길목
한기가 흐르는데

힘들게 돌아설 자리마다
구멍 난 바람 소리

오색이 춤을 추며
눈길을 끌지만
아무도 돌아보지 않는다

내 안에 깊게
내려앉은 괴로움

너를 향하여 손짓해 보지만
마른나무 가지에서
막 떨어지고 있구나

봄맞이

별빛 젖은 가로등
꽃이 되었다
어둠 뚫고 일어선 꽃
그윽한 계절 향기 뿜는다

불빛에 물들어
가지마다 움트는 새싹
기지개를 켜며
먼 달무리를 부른다

외출 자제에 갇혀 있던
돌출 세포들이
일제히 봄맞이 소리를 내다
꿈길에서 마주한 봄

밝은 햇살 동행하는 아침 길
색색으로 입을 가린 사람들
저마다 꿈길 걷듯 봄을 맞아
다물었던 말을 튼다

제6부
북한산 바라보며

북한산 바라보며

높이 솟아오른 산자락
짙푸른 능선 위에 쏟아지는 햇살

뭉게구름 산을 덮으면
외로운 소나무 새를 등에 업고
뜨거운 태양 빛에
그을린 미소 마주한다

젊은 날 친구들과
정상에 오른 북한산
바라보니 아득하다

긴 여름날 건져 올린
수많은 사연 묶어 놓고
오늘도 분주히 오가는 발길 따라
해그림자 길게 눕는다

신륵사

간월헌 정자에 걸터앉아
남한강 바라보니
배 띄워 시 한 수 읊던
옛 선비 선연하다

황포 돛배 난간에 젊은 연인들
산같이 사는 것을 알고 있는지
전탑 바라보며 손 흔든다

오늘 지나 어느 후손
이곳에 다녀갈까
계절은 변함없이 제 갈 길 가는데
갈잎에 젖어 어느 곳을 헤매는가

흐르듯 떠가는 돛단배 위에
부딪히는 물소리만
강변 바람결에 무겁다

부석사에서

부석사 돌아보니
선비의 숨결 느껴지고
삼 층 석탑 뒤편에
저녁놀 붉게 타네

수행의 능선 따라
이어지는 사람들의 발길
자비의 그림자 섬돌에 닿았네

산새가 울리고 간 풍경 소리
계단 오르며 듣는 중생들
저마다 무량하게 새겨듣고
불멸의 경전 펼쳤는가

길게 뻗은 가지 위에
걸려 있는 천년 세월
끊임없이 전해오는
선승들의 가르침이여

소나무 사이사이 어둠이 내리고
지나온 세월 아득한데
억겁으로 이어지는 발길
법당의 성불 소리
산천을 맴도네

아미산

저 멀리 산등성
불어오는 꽃바람

향기인 듯 부름인 듯
뒤돌아보니

가물가물 메아리치며
날리는 꽃잎

아미산 중턱에
쌓이는 그리움

꽃잎 주워 담는 어깨 위에
저녁놀 붉게 탄다

능내역

자작나무 숲 사이로
흔들리는 갈대

검단산 바라보니
찬 바람 둘러싸여 있다

지는 서산 노을
하늘이 던져 준 금빛으로
산은 물들어 있고
그믐달 마중 나왔다

임자 잃은 철길에
쏟아지는 그리움

능내역 빈 우체통
수많은 사연 스쳐 간다

춘천 길 오르며

아기 볼 같은 새순
손 높이 들고 살랑거린다
찬 서리 이겨 낸
앙상한 가지에 새색시 같은 자목련
수줍은 듯 앉아 있다

빨강 치마 초록 저고리
아궁이에 불을 지피던 봄꽃은
연기 속으로 사라지고
북한강 끝자락에
서성거리고 있다

열정으로 디딘 발자국
흐릿해지고
산자락에 얼핏
보이는 그리움
꽃잎은 떨어지고 있다

부안에서

멀리 뵈는 인주 바위
산그늘 앉아 있다

직소폭포 향하여
오솔길 돌아가면
세상은 흔들리고
고즈넉한 목탁 소리

늦가을 젖은 낙엽 위에
스미는 바람

지고 가는 저녁노을
나그네 등 사이로
초승달 걸려 있다

갈매기

석양 바닷가 떠 있는
비릿한 내음

그는 오늘도
고독한 날갯짓을 한다

멀리서 조개 줍고
돌아오는 아낙네들

떠나간 어미인 듯
주변을 돌며 끼룩거린다

그들의 함성이
지친 양어깨 위를
무겁게 짓누르고 있다

주문진에서

사랑은 이 바다에
먼저 와 있었다
달빛 풀어놓고
출렁이는 파도

심해에서 유영하던
생각과 언어
하나씩 건져 올려 쓰다듬으면
검은 포말 속에 부서지는 얼굴
밤바람 타고 내려온다

마음 절여 돌아보는
텅 빈 바닷가

방황 속에 헤매던
찬란한 외로움
갈매기도 내 마음 읽은 듯
옷깃 여미며 기도하고 있다

남해 여행

섬진강 끼고 돌아온 바람
지친 숨 몰아쉬며
하동 길목에 머문다

스치고 지나온 사연
화계장터에 내려놓고

따가운 햇살 내리쪼이고
서성이며 음지를 찾는다

들썩이며
붐비던 시장길
적막하고 쓸쓸하여

한산하게 지나는
바람 졸고 있다

한낮에 몰려온 여행객
상인들 눈 반짝이는 보석이다

강촌의 아침

안개비 가득히
산허리를 품었다
젖은 아침이
산줄기로 내려온다

고단한 봇짐 풀어놓고
강촌의 아침 마주한다

잠시 쉬어 가는 여정
울음조차 내기 힘든
내 안의 낮은 신음 소리
폭포처럼 떨어진다

쓰르라미 슬피 우는
여름 끝자락
텅 빈 하늘이다

늦가을

감나무 끝에
앉아 있던 나뭇잎
가을 속으로 내려와
새 길을 만들고 있다

싸한 바람이 귓불에 머물 때
적막만이 흩어지는데

찬란했던 세월 뒤로한 채
길을 닦고 있는 갈잎

한 줌의 빛을 찾아
그들만의
세계 속으로 들어간다

백운호수

연록 병풍으로
드리워진 산자락

노천카페 언덕에
불어오는 서늘한 바람
햇살 몰아간다

바람이 머물다 간
잔잔한 호수
오리 배 젓는 연인들
물꽃 일으키고

계절의 뒤안길에
서성이는 연분홍 연정
물결에 어질러진 조각들

오월이 흘리고 간 그리움
모두가 역행하는
봄의 아픔인 것을

환상의 섬

낭만의 도시
나폴리 카프리섬
넘실대는 바닷길
은빛 날개 춤을 춘다

리프트 타고 오르는 길
솟아오르는 태양 머리에 이고
환상의 섬
끝없이 떠 있는
구름 속을 건넌다

내 여행은 하늘로 향한다
우주의 어느 동네
낮에도 빛나는 별들을 만져 보고
여기에도 와 있는 가을을 만난다

절경에 취해 서성이는데
카프리섬 주변을 맴도는
가을볕 이미 별이 되어 손짓한다

알프스를 뒤로하고

어둠의 정적을 깨우며
오스트리아 새벽을 가른다

몰려오는 새벽바람
잠시 쉬어 간 자리
발자국 남기고 떠난다

바쁜 일상을 잠시 잊고
여행길에 만난 인연들
고단함을 쫓는 이국의 아침

창가엔 서서히
어둠이 사라져 가고
분주했던 몇 날이 생생하다

오스트리아 독일의 국경
알프스에서 피어오른 흰 구름
아침을 끌고 내려온다

폼페이

낙원의 섬 폼페이
불꽃으로 사라졌다

수중에 묻혀 잊어버린 도시
찬란한 영광은 간곳없고
앙상한 뼈대로
바다를 받치고 서 있다

하늘은 빛을 잃고
꺾여 버린 목
치솟았던 산봉우리
긴 어둠에 희미하다

이웃과 친구들
흔적조차 없는데
유허지에 떨어진 조각들
잿빛 하늘에 토해 내는 비명

그날의 참상을
소리로 전한다

홍숙자 시집
여울진 흔적

제1판 1쇄 인쇄 · 2024년 11월 25일
제1판 1쇄 발행 · 2024년 11월 30일

지은이 · 홍숙자
발행인 · 이석우
펴낸 곳 · 세종문화사
편집 주간 · 김영희

주소 · (03740)
　　　　서울 서대문구 통일로 107-39, 223호
　　　　E-mail: eds@kbnewsnet
전화 · (02)363-3345, 365-0743~5
팩스 · (02)363-9990

등록번호 · 제25100-1974-000001호
등록일 · 1974년 2월 1일

ISBN 978-89-7424-205-3　03810

값 12,000원